Nishiimeyinaanig

Nishiimeyinaanig

AANJIBIMAADIZING

EDITED BY

Anton Treuer

and

Michael Sullivan Sr.

ILLUSTRATED BY

Wesley Ballinger

 MINNESOTA HISTORICAL SOCIETY PRESS

mnhspress.org

The Minnesota Historical Society Press is a member of the Association of University Presses.

Manufactured in the United States of America

10 9 8 7 6 5 4 3 2 1

♾ The paper used in this publication meets the minimum requirements of the American National Standard for Information Sciences—Permanence for Printed Library Materials, ANSI Z39.48-1984.

International Standard Book Number
ISBN: 978-1-68134-177-4 (paper)

Library of Congress Cataloging-in-Publication Data
Names: Treuer, Anton, editor. | Sullivan, Michael D., Sr., editor. | Ballinger, Wesley, illustrator. | Aanjibimaadizing (Onamia, Minnesota), author.
Title: Nishiimeyinaanig / Aanjibimaadizing ; edited by Anton Treuer and Michael Sullivan Sr. ; illustrations by Wesley Ballinger.
Description: Saint Paul : Minnesota Historical Society Press, 2020. | Audience: Ages 10 | Summary: "In these twenty-six charming and original stories, animal characters act foolishly and bravely, show wisdom and weakness, and have funny and sur-prising adventures. *Nishiimeyinaanig* (Our Little Siblings) is written for teachers, students, and Ojibwe language and culture enthusiasts ages ten and above."—Pro-vided by publisher.
Identifiers: LCCN 2020021793 | ISBN 9781681341774 (paperback)
Subjects: LCSH: Children's stories, Ojibwa.
Classification: LCC PZ90.O55 N57 2020 | DDC 897/.333—dc23
LC record available at https://lccn.loc.gov/2020021793

Dibaajimowinan

1 Chi-Gary
Carol Nickaboine, Keller Paap & Wesley Ballinger 3

2 Ajidamoo naa Agongos
James Mitchell & John Benjamin 9

3 Waagosh Gikinoo'amaage Neyaashiing
Lorena *Panji* Gahbow & Charlie Smith 13

4 Makwa naa Misakakojiish
James Mitchell & John Benjamin 17

5 Gaagoons
Bette Sam, Persia Erdrich & Melissa Boyd 23

6 Waabowayaaniked Waawaabiganoojiinh
Carol Nickaboine & Madeline Treuer 29

7 Gaagoons Eko-niizhing
Bette Sam & Persia Erdrich 33

8 Mikinaak Miinawaa Maanameg
Carol Nickaboine & Madeline Treuer 37

9 Wiinendaagozi Omakakii
Lorena *Panji* Gahbow & Charlie Smith 41

10 Gaagoons Eko-Nising
Bette Sam & Persia Erdrich 45

11 Waabooz Ashanged

James Mitchell & Madeline Treuer **51**

12 Ezhi-bimaadizing Waaboozwakiing

Carol Nickaboine & Wesley Ballinger **55**

13 Waawaabiganoojiinh Bamoonzhed

Elfreda Sam, Keller Paap & Jayda Montano **57**

14 Wii-manoominiked Waagosh

Lorena *Panji* Gahbow & Charlie Smith **63**

15 Wazhashk Miinawaa Esiban

James Mitchell & Madeline Treuer **67**

16 Waagosh Miinawaa Omakakii Manoominikewag

Lorena *Panji* Gahbow & Charlie Smith **73**

17 Awesiinyag Zhooshkwajiwewaad

Carol Nickaboine, Madeline Treuer & Wesley Ballinger **77**

18 Waagosh Miinawaa Waabooz

James Mitchell & Madeline Treuer **83**

19 Chi-bikwaakwad Gikinoo'amaageng

Joseph Nayquonabe Sr. & Adrian Liberty **87**

20 Ma'iingan

James Mitchell & Madeline Treuer **99**

21 Akakojiishi-giizhigak

Carol Nickaboine & Madeline Treuer **107**

Ishkwaabii'igan **113**

Nishiimeyinaanig

1 Chi-Gary

Gaa-tibaajimod **CAROL NICKABOINE**

Gaa-tibaajimotawaajin
KELLER PAAP & WESLEY BALLINGER

"Namanj igo minik gaa-taso-biboonagiziwaanen apii gii-aanjigoziyaan, meta go mikwenimag ikwezens gaa-wiinzhid. Gary ningii-izhinikaanig. Nabaj awashime midaaso-biboon gaa-ako-biindigegoziyaan omaa endaayaan."

"Wa, niwenda-mino-doodaagoog ingiw debenimagig. Nashke naa izhi-bizindamowaad wiindamawagwaa gegoo. Wenda-nibwaakaawag ingiw debenimagig, bagakenimiwaad noonde-awazoyaan boodawaaning wii-tazhi-wiidabimag a'aw mindimooyenh debenimag."

"De-giizhooziyaan dash izhi-nibaayaan gabe-giizhig. Gaawiin wiikaa agwajiing nibabaa-ayaasiin, mii go maanoo obabigomisiwaan, gaawiin wiikaa ninisaabaawesiin gimiwang. Gaawiin wiikaa ningawajisiin biboong ji-giikajizidewajiyaan. Mii iw wenji-wenda-jiikinaagoziyaan endaso-giizhig."

"Giishpin bakadeyaan mii go da-wiijishimotawag mindimooyenh

ozidensan, mii ezhi-gikenimid bakadeyaan. Odibaabandaan nindoonaagan da-mooshkinebidamawid. Debisiniiyaan, mii izhi-nibaayaan dabwaa-dagoshininid iniw odaanikoobijiganan a'aw mindimooyenh."

"Inashke, niin gaa-izhi-gikinoo'amawagwaa debenimagig epiichi-gizhewaadiziwaad, wii-wiindamawiwaad bi-dagoshininid mewadishimijin. Mii apane aabajitoowaad medwesing.

Nimbi-waabamigoog epiichi-miikawaadiziyaan. Nigipagadowe makadewiziyaan. Nawaj ozhaawashkonaagwadoon nishkiinzhigoon apiich dash wezhaawashkwaagamig Misi-zaaga'iganing."

"Nimaamakaadiz aanzaabanda'iweyaan ojiigong izhinaagoziyaan awiya da-babaamenimigoosiwaan mashkawinaagoziyaan. Nimaminwadowe miishwegiziyaan. Ningina'amaag a'aw debenimag da-izhi-dazhiikanziwaan asabaab, aanawi go nibagidenimig

anooj gegoo atamawid da-dazhiikamaan da-ni-izhi-
gagaashiganzhiiyaan."

"Namanj isa go naa wenji-ganawaabandamowaagwen waasamoo-
waasechiganaabik wiidabindiwaad imaa ginwaako-apabiwining.
Niin dash wiin nimisawendaan da-dapaabiyaan waasechiganing da-
ganawaabamagwaa bemaadizijig agwajiing babaa-ayaawaad."

"Ningikenimigoog debenimagig wii-naanaazhinigooyaan naa
gaye apii wii-kanawaabamagwaa ingiw gagwejiiwaazhiwewininiwag.
Wa, mii sa go geget dazhi-mino-doodaadiyaang omaa endaayaang
ongow debenimagig. Ningizhaadige omaa endaayaang
da-ganawenimagwaa. Mii sa iw mink ezhi-bimaadiziyaan
gaazhagensiwiyaan." ■

2 Ajidamoo naa Agongos

Gaa-tibaajimod **JAMES MITCHELL**

Gaa-tibaajimotawaajin **JOHN BENJAMIN**

Aabiding ani-goshkozid a'aw ajidamoo chi-bakaded naaniibawid omaa dananaandang. Inendam, "Iwidi inga-o-baamose iwidi meskwaamagak i'iw waakaa'igan." Owii-nandawaabandaan i'iw bineshiinh-wiisiniwin, imaa agoodemagak agwajiing. Aaniish-naa, gaawiin wiineta wii-izhaasiin iwidi. Baa-nandawaabamaad owiijiiwaaganan agongosan.

Dagoshing imaa endaanid ezhi-wiindamawaad agongosan, "Ambe imaa izhaadaa, o-wiisinidaa iwidi waakaa'igan bedakidemagak. Geyaabi ingii-waabandaan bineshiinh-wiisiniwin ayaamagak." Babaa-akwaandawewaad mawinadamowaad waakaa'igan. Miziwe baamaandawewaad azhigwa dagoshinowaad etemagak bineshiinh-wiisiniwin. Miish imaa gii-gidaanawewaad.

Miish omaa gidaamowaad akina bineshiinh-wiisiniwin ajidamoo naa agongos. Chi-mooshkinewaad nandawaabandamowaad da-anwebiwaad gawishimowaad omaa gawingwashiwaad. Ajidamoo gaa-izhi-noondawaad odaabaanan bagamibizonid. "Agongos! Agongos!

9

Goshkozin! Goshkozin!," ikido ajidamoo. "Wewiib wewiib giga-maajaamin chi-gezika iwidi endaayan."

Dagoshinowaad iwidi agongos endaad, mii sa agongos gikendang chi-ayekozid. "Indinendam gaawiin omaa niga-dagoshinziin. Onzaam niibowa ingii-wiisin," ikido agongos. Mii dash ajidamoo odinaan, "Gigii-wiindamoon niibowa da-wiisinisiwan. Giga-bezikaa'igon," ikido ajidamoo. "Daga miinawaa izhichigedaa waabang." "Enya'! Izhichigedaa goda," ikido agongos. Mii iw. ∎

3 Waagosh Gikinoo'amaage Neyaashiing

Gaa-tibaajimod **LORENA _PANJI_ GAHBOW**

Gaa-tibaajimotawaajin **CHARLIE SMITH**

Niwii-wiindamaage Waagosh ge-izhichiged gikinoo'amaaged owidi Neyaashiing gikinoo'amaadiiwigamigong.

Azhigwa goshkozid aw Waagosh, o-giziibiigii miinawaa giziibiiyaabide'o. Mii dash ezhi-gigizhebaa-wiisinid. Gaa-ishkwaa-wiisinid, mii dash ezhi-izhaad Neyaashiing gikinoo'amaadiiwigamigong.
Biindigewaad ingiw abinoojiinyag abiwining. Owiindamawaan Waagoshan ezhinikaazowaad ezhi-namadabiwaad. Mii dash ezhi-maajitaad ojibwemotawaad wiindamawaad abinoojiinyan waa-izhichigenid.

"Ahaw gakina niibawig!" Mii dash akina gaa-izhi-niibawiwaad. "Ahaw dash bimoseg!" Mii dash gaa-izhi-bimosewaad. "Ahaw bimibatoog!" Mii go gakina gaa-izhi-bimibatoowaad.

"Ahaw jiichiiskana'og!" Mii dash gaa-izhi-jiichiiskana'owaad.

Mii ow akeyaa a'aw Waagosh

ezhi-gikinoo'amawaad abinoojiinyan Ojibwemowin. "Ahaw
nawagikwebig!" Gakina nawagikwebiwag baapiwaad. "Anooj
niimig!" Mii dash gaa-izhi-giiwanaajibagizowaad.

   "Akawe naanan!" Aanind gii-o-minikwewag nibi. Aanind gii-
anwebiwag. Aanind gii-o-zaaga'amoog. Gii-ishkwaa-anwebiwaad, gii-
o-agindaasowag. Mii dash naawakweg gii-o-wiisiniwag. Agwajiing
dash gii-tazhitaawag. Giizhiitaawaad gii-kiiwewag abinoojiinyag. Mii
dash gaa-izhi-biinichiged aw Waagosh odabiwining. Aangwaamas
aw Waagosh gii-ni-giiwe.

   Mii iw. ■

4 Makwa naa Misakakojiish

Gaa-tibaajimod **JAMES MITCHELL**

Gaa-tibaajimotawaajin **JOHN BENJAMIN**

Aabiding mewinzha a'aw makwa bimosed imaa megwayaak. Mii azhigwa ani-inendam wii-bakaded. "Maagizhaa iwidi ziibiing inga-izhaa da-nandawaabandamaan gegoo da-miijiyaan."
Mii azhigwa da-ni-maadosed ziibiing akeyaa izhaad. Mii azhigwa ani-nagishkawaad misakakojiishan. "Aandi ezhaayan," ikido misakakojiish. "Imbaa-andawaabandaan ge-miijiyaan," ikido a'aw makwa. Mii dash a'aw makwa gagwejimaad, "Giwii-paa-wiijiiw ina?" ikido makwa. "Enya'," ikido misakakojiish.

Mii azhigwa ani-maadosewaad, chi-ginwenzh bimosewaad. Mii dash misakakojiish gagwejimaad iniw makwan, "Aaniish aapidek epiitaamagak ezhaayang?" "Gaawiin go aapiji waasa geyaabi. Gego babaamendangen. Ajinens giga-dagoshinimin," ikido makwa.

Mii azhigwa dagoshinowaad misakakojiish naa makwa omaa ziibiinsing. "Mii azhigwa da-debibinangwaa ingiw giigoonyag," ikido makwa. Mii azhigwa maajitaad misakakojiish. Mii go gii-pwaanawi'aad da-debibinaad iniw giigoonyan.

Mii dash a'aw makwa wajepiid da-debibinaad iniw giigoonyan. Mii go ginoozheyan naa ogaawan naa awaazisiin naa mizayan.

Aaniish-naa ogikenimaan makwa gegoo gii-tebibinaasinig misakakojiishan. Mii azhigwa gagwejimaad iniw misakakojiishan da-wiidoopamigod. Mii dash chi-minwanjigewaad. Wayaahay chi-mooshkinewaad makwa naa misakakojiish.

Mii azhigwa misakakojiish gagwejimaad iniw makwan, "Gidaa-ni-giiwemin ina?" "Ahaaw," ikido makwa. Mii azhigwa ani-inendam

makwa, "Gaawiin asemaan ogii-asaasiin a'aw misakakojiish gaa-onji-debibinaasig iniw giigoonyan."

Aaniish-naa bebakaanad endaawaad, mii azhigwa dagoshinowaad wiimaamonig miikana.

"Ahaaw giga-waabamin miinawaa. Mii iwidi akeyaa indaa," ikido makwa izhinoo'iged. "Ahaaw, giga-waabamin miinawaa," ikido misakakojiish. ∎

5 Gaagoons

Gaa-tibaajimod **BETTE SAM**

Gaa-tibaajimotawaajin

PERSIA ERDRICH & MELISSA BOYD

Aabiding gii-ayaa a'aw Gaagoons. Ogii-wiij'ayaawaan iniw ogitiziiman. Onizhishin i'iw waanzh endaawaad imaa megwayaak. Gii-ni-nitaa-wiisini baa-ashandizod. Gii-chi-minwendam gii-ni-nitaawichiged babaamaandawed imaa mitigong.

Gaawiin wiin igo gii-pizindanziin wiindamaagod iniw omaamaayan, "Gego wiikaa babaamaandaweken a'aw azaadi miinawaa gaawiin gidaa-zhawabaagiisiin a'aw azaadi." Booch igo wii-akwaandawed imaa mitigong. Gaawiin gikenimaasiin awegwen a'aw azaadi. "Awenen danaa a'aw Azaadi?" gii-inendam.

Ogii-naazikawaan iniw mitigoon. Gaawiin dash ogii-nisidawinawaasiin awenenan azaadiwan. Gaawiin ogii-gikenimaasiin bigishkanaakozishinid, gaawiin minopogozisiiwan iniw azaadiwan. Booch dash ogojipwaan iniw mitigoon. Aaniish-naa wii-nitaa-ashandizod a'aw Gaagoons. Gaawiin minopogozisiin.

Gii-pabaa-wiisinid, babaamaandawed, gii-ayaa imaa azaadiing. Mii go gaabige gojipwaad. "Pooyay chi-maazhipogozi azaadi." Gaa-izhi-binaandawesed bangishing waabashkikiinsing. Wiisagishing gaa-izhi-bajiishka'odizod opikwanensing. "Awaa maamaa, niwiisagishin! Wiidookawishin! Nimiijishin!"

Biijibatoonid omaamaayan, "Gaawiin ginitaa-bizidanziin gii-wiindamoonaan. Gego baamaandaweken!" ■

6 Waabowayaaniked Waawaabiganoojiinh

Gaa-tibaajimod **CAROL NICKABOINE**

Gaa-tibaajimotawaajin **MADELINE TREUER**

Waawaabiganoojiinh odaanikoobijiganan owii-gikinoo'amaagoon da-nitaa-gashkigwaasod. Owii-ozhitoon waabowayaan da-aabajitood gisinaamagak. Apane giikaji niibaa-dibik. Mii dash adaawewigamigong wii-adaawed waa-aabajitood. Izhaa onaabandang awegonen waa-aabajitood sa go. Miskwaa, makadewaa, waabishkaa. Waawaabiganoojiinh ogii-aabaji'aan iniw waawaabiganoojiinh-zhooniyaan.

Waawaabiganoojiinh ogii-kiishkizhaan i'iw gaa-onaabandang i'iw waabowayaan. Maazhaa anang mazinigwaadang odaa-giishkizhaan. Mii dash gaa-ishkwaa-giishkizhang i'iw waabowayaaniigin, mii ezhi-asiginang waa-izhinaagwak i'iw waabowayaan waa-aabajitood. Mii ezhi-gashkigwaadang. Odaabajitoon i'iw ditibi-gashkigwaasowin. Mii niishtana gakakiiginan odaabajitoonan, gaa-izhi-na'isidood.

Odazhwegisidoon waabishkiigin. Mii dash imaa ezhi-atood waabowayaan gaa-ozhisidood. Mii dash gaa-izhi-dakobidood i'iw ezhi-biskibidood i'iw waabowayaan. Mii dash ezhi-gashkigwaasod i'iw. Ezhi-giizhiikang i'iw waabowayaan. Inake, mii imaa gii-ozhitood i'iw waabowayaan. Mii i'iw ayaabajitood da-giikajisig. ■

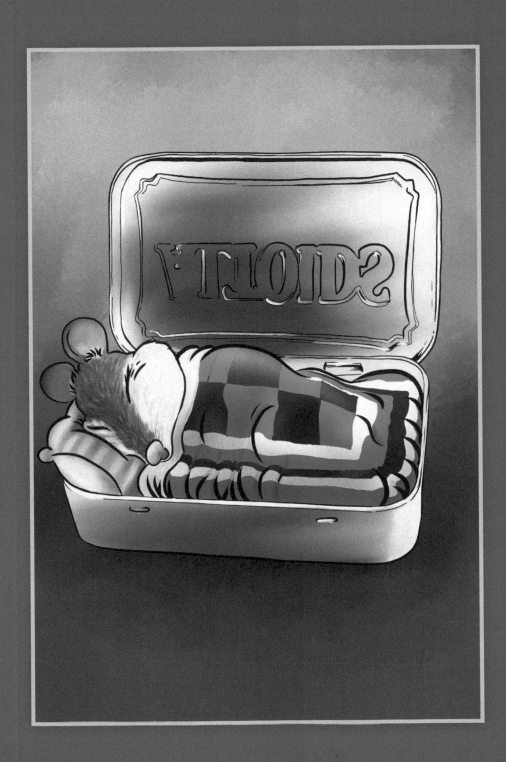

7 Gaagoons Eko-niizhing

Gaa-tibaajimod **BETTE SAM**

Gaa-tibaajimotawaajin **PERSIA ERDRICH**

Megwaa go babaa-dazhitaad, omaamaayan bi-wiindamaagod, "Mii azhigwa da-bimaadiziyan da-ganawenindizoyan. Weweni go baa-ayaan. Niibowa da-ayaamagad ge-naniizaanendaman."

Mii sa go azhigwa gaa-maajaad. Gaa-izhi-noondawaad iniw odaabaanan, "biip biip." Naanaagadawendam, "Awegonen i'iw biip biip? Awegonen e-noondaagwak?" gii-inendam.

33

8 Mikinaak Miinawaa Maanameg

Gaa-tibaajimod **CAROL NICKABOINE**

Gaa-tibaajimotawaajin **MADELINE TREUER**

Mikinaak imaa endaad imaa gaa-taad imaa jiigibiig i'iw gichigamiing. Mikinaak gii-taa imaa jiigibiig, niibowa abiwag ongow asiniig gwaakwaashkwanise-asiniig. Bi-izhaawaad imaa ingiw bi-waabamaawaad wayaabishkiiwenid. Gii-nitaa-izhichigewaad ge wiinawaa da-apaginaawaad iniw asiniin.

Wayaabishkiiwejig bi-izhaawaad owii-gikendaanaawaa dibishkoo ge wiinawaa gwayak izhichigewaad apaginaawaad iniw asiniin.

A'aw Mikinaak ogii-asiginaan asiniin. Mii ezhi-gaawed eyaad gaa-asiginaad Maanamegwan. A'aw Maanameg ogagwejimaan iniw Mikinaakwan da-waabandang i'iw genawendaminid iniw Mikinaakwan. Mikinaak gaawiin odaa-bagidinaasiin iniw Maanamegwan da-waabandaminid i'iw gaa-kanawendang.

Enda-onizhishi asin, mii gaa-izhi-ziindaakoshing imaa mitigwaak. Mikinaak

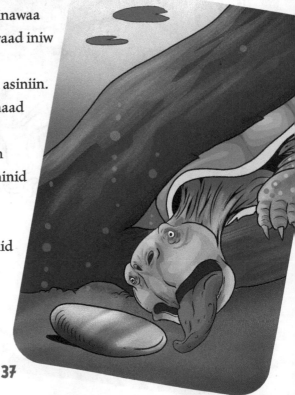

37

owii-wiikwajitoon da-gidiskibinaad iniw asiniin. A'aw
Maanameg gii-pi-bagizo ezhi-inaad Mikinaakwan, "Giizikan
i'iw gimikinaakwemikwaan, mii da-debibinad a'aw asin." Mii
ezhi-aabanaabid waabandang mooka'ang imaa nibiikaang i'iw
omikinaakwemikwaan.

Mii ezhi-waabamaad iniw Maanamegwan agawaateshininid.
Maanameg ezhi-zaageweyaadagaad, omikinaakwemikwaan
obiizikaan.

Mii dash a'aw Mikinaak baataashing imaa mitigwaak.
Gaawiin gegoo obiizikanziin. Odinaan iniw Mikinaakwan
Maanameg, "Giishpin
wii-ayaaman i'iw
gimikinaakwemikwaan,
gidaa-meshkwadoonin
i'iw genawendaman." ∎

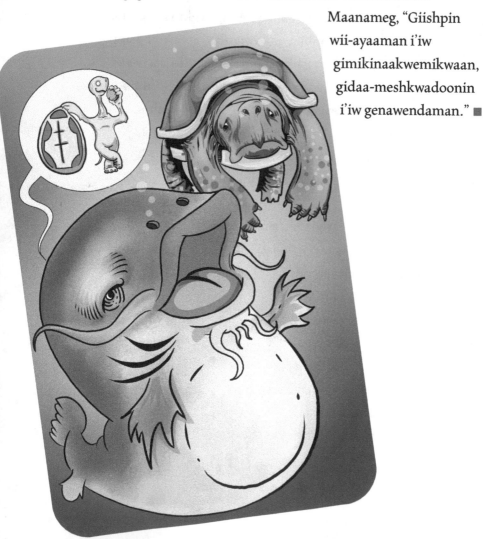

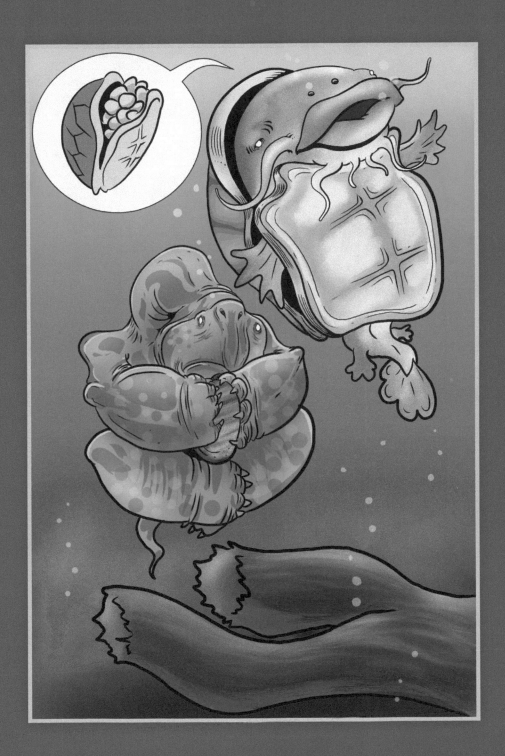

9 Wiinendaagozi Omakakii

Gaa-tibaajimod **LORENA *PANJI* GAHBOW**

Gaa-tibaajimotawaajin **CHARLIE SMITH**

Jiigayi'ii waabashkikiing daa a'aw Omakakii.
Mii go apane wewebanaabiid. Nitaawichige
gitiged gitigaanens. Owidi anokii ge wiin
gikinoo'amaadiiwigamigong. Odashamaan
iniw abinoojiinyan ozaawikaadaakoon, mashkodesiminag,
mandaamin, opiniig,
zhigaagawanzhiig, jiis,
chi-oginiig.

Debibinaad
giigoonyan, mii
dash ezhi-ashamaad
abinoojiinyan
giigoonyan miinawaa

41

gitigaanensan. Wiisiniiwigamigong biindigewag abinoojiinyag miinawaa Waagosh. "Ahaw, ozhigaabawig! Miigwechiwi'aadaa Omakakii ashaminang," gii-ikido Waagosh. Mii dash ezhi-ozhigaabawiwaad naadiwaad ge-miijiwaad. Bebezhig abinoojiinyag miigwechiwitaagoziwag, ikidowaad, "Miigwech Omakakii ashamiyaang." Ishkwaa-wiisiniwaad, gii-ni-giiwewag abinoojiinyag. Mii dash gaa-izhi-biinitood wiisiniiwigamig. Mii dash iwapii gii-ni-giiwed Omakakii. Jiichiiskana'o ani-giiwed nagamod.

Ani-dibikak, gegaa go gii-maajitaa ji-gwiishkoshid. Ogii-mikwendaan a'aw Omakakii gaa-ikidonid Waagoshan, "Gego

gwiishkoshiken dibikak, awiya gidaa-noondaag. Awiya gidaa-azhe-gwiishkoshimig." Gii-kiiwebatoo. Mii dash gaa-izhi-waabamaad Waagoshan. Mii dash Waagosh gaa-izhi-wiindamawaad, "Ozhiitaan, awi-bawa'an waabang." Gii-ishkwaa-zegizi. Gii-mino-nibaa, gaawiin geyaabi zegizisiin. ■

10 Gaagoons Eko-Nising

Gaa-tibaajimod **BETTE SAM**

Gaa-tibaajimotawaajin **PERSIA ERDRICH**

 Mii azhigwa maadosed. Maaminonendang gakina gegoo gaa-maazhi-izhiwebizid. Weweni go bimose. "Howa! Mii azhigwa gii-waabamag Gaagokwe wiisinid. Onizhishi minwaabewizi!" Gaagoons ode' ojaanimibideni.

Mamazinigaabawosed a'aw Gaagoons. Waabanda'iwed, ji-nitaawichiged miinawaa mino-bimaadizid, chi-onizhishid. Gaagoons chi-naaniimid, mii azhigwa gii-minwenimind. Giimooj gii-wiidigendiwag. Gii-maajiinaad iwidi endaad, wiin igo ogii-ozhitoon endaad. Onizhishin gaye biinadini waanzh. Mii imaa bimaadiziwaad.

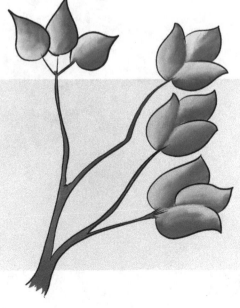

45

Obiibiimiwaan gii-dagoshininid, gaago-gwiiwizens obiibiimiwaan. Mii azhigwa gikendang ji-gagiibaadizid. Gikinoo'amawaad ge wiin gaa-pi-izhiwebizid, "Gego izhichigeken i'iw gaa-pi-izhiwebiziyaan."

"Ahaw giga-bizindawin, gaawiin niwii-izhichigesiin i'iw, gaa-pi-izhi-maazhi-doodaazoyan gaa-kagiibaadiziyan. Nookomis ingii-wiidamaag gaa-pi-izhichigeyan gii-pizindanziwan wiikaa." ■

11 Waabooz Ashanged

Gaa-tibaajimod **JAMES MITCHELL**

Gaa-tibaajimotawaajin **MADELINE TREUER**

Waabooz aazha nagishkawaad iniw ikwe-waaboozoon. Gaa-izhi-wiidigemaad. Abinoojiinyan gaa-izhi-ayaawaawaad. Miish azhigwa ani-inendang akeyaa ge-izhi-ashamaad ani-bibooninig.

Mii sa Waabooz babaamosed imaa mikwendang zhigwa da-ani-bibooninig sa naa ezhi-mikwendang da-ani-bakadewaad.

Mii dash ezhi-maajiigitood ogitigaan ozaawikaadaakoonsan. Ezhi-maajiigitood ozaawikaadaakoonsan imaa gitigaaning. Chi-weweni gitigaan gabe-niibin imaa baa-dazhitaad. Mii sa ani-dagwaagig zhigwa mikwenimaad iniw odinawemaaganan.

"Ninga-nandomaag nindinawemaaganag

51

ji-ashangeyaan bangii." Miish imaa nandomaad odinawemaaganan. Miish iw bagamibatoowaad imaa endaad chi-apiitenimaawaad odinawemaaganiwaan gii-nanaandomigowaad, da-bi-wiisiniwaad onow gaa-gitigaadang. "Ambe omaa wiiisinidaa!" "Ahaaw," ikido waabooz. Ominwaabamaan dananjigenid odinawemaaganan.

"Tayaa, niso-diba'igan dazhi-wiisiniwaad. Apidek minik omaa waa-miijiwaad."

Waabooz zhigwa ani-nishkaadizid. Chi-bangii atewanoon omaa adoopowining iniw ozaawikaadaakoonsan. Ikido dash Waabooz, "Daga bangii ishkondamawishin. Gaawiin ganage gegoo indananjigesiin gabe-biboon giishpin gidaanaweyeg." Epiichigidaazod Waabooz akina odinawemaaganan gaa-izhi-gwanaajiwiwaad. ■

12 Ezhi-bimaadizing Waaboozwakiing

Gaa-tibaajimod **CAROL NICKABOINE**

Gaa-tibaajimotawaajin **WESLEY BALLINGER**

Waabooz niin indizhinikaaz, nitaa-
gizhiibatooyaan, nitaa-gwaashkwaniyaan.
Mii dash minwendamaan miijiyaan gakina
zayaagakiigin miziwe eyaamagakin imaa
megwayaak, miinawaa gitigaanensan, niminwendaan imaa
Anishinaabe ogitigaanan. Nindikonaazha'ogoog apane ingiw imaa
endaajig maazhaa ikwenzens maazhaa gwiiwizens maazhaa a'aw
gitigewinini, mii dash nibaapi'aag ekonaazhikawiwaad, gaawiin
indaa-debibinigoosiin, onzaam nigichi-bimibaatoo.

Gakina gegoo maajiyaan niwiidookawaag ingiw
Anishinaabeg, mii dash miijiwaad mashkiki da-mino-
ayaawaad. Iishpin debibinigooyaan indaa-zhawenimaag.
Niin niwaaboozwayaan chi-minonaagwak mii dash
ezhi-ozhitoowaad makizinan miinawaa
minjikaawanag anooj igo gegoo
odizhitoonaawaa ingiw Anishinaabeg.
Niminopogoz napodinensag.
Mii iw. ■

13 Waawaabiganoojiinh Bamoonzhed

Gaa-tibaajimod **ELFREDA SAM**

Gaa-tibaajimotawaajin
KELLER PAAP & JAYDA MONTANO

Zeziikizid waawaabiganoojiinh apane gii-anoonaa da-bamoonzhed da-ganawenimaad iniw oshiimeyan. Gaawiin wiikaa dawisesiin da-nazhike-ayaad ojaanimi'igod onzaamizinid oshiimeyan. Mii apane ondendinid ogitiziiman baa-manoominikenid. Anooj izhinikaazowan oshiimeyan; Zhaangweshi, Gekek, Gookooko'oo, Waagosh izhinikaazowaad.

Wa'aw zeziikizid gii-minjinawezi gaa-inaad, "Apane gimaazhise'im sa go! Ingoji izhaag ajina, booni'ishig!" Ingoji ji-izhaad da-anwebid ajina nazhikewabid da-minikwed mookijiwanaaboo wii-aniibiishaabooketamaadizod da-ozhitamaadizod aniibiish. Giizhi-ziikaapidang aniibiishaaboo gii-piibaagimaad gii-nishkaazomaad oshiimeyan. Ishkwaa-anwebid gii-pi-gwiinawaabamaad gaa-maajaanigwen ogii-okawi'aan animikawenid.

57

Ogii-gikendaan da-maazhised wiindamawaad ogitiziiman. Ogii-piminizha'aan babiiwizidekawenid iniw oshiimeyan ji-mikawaad. Oga-maajiinaan asemaan. Gii-ni-waabandang animikawenid oshiimeyan ani-oditawaad obiigomakakiin, mii go odisaad iniw obiigomakakiin, "Gigii-onji-waabamaag ina Zhaangweshi, Gekek, Gookooko'oo naa Waagosh?" Miish imaa gaa-izhi-nakwetawaad iniw waawaabiganoojiinyan. "Gigiiwanaadiz ina? Giga-amogonaanig ingiw."

"Bekaa, giwii-wiindamoon . . . , gigagwe-wiindamoon ezhinikaazowaad nishii . . ." Obiigomakakii wanishkwe'aad waawaabiganoojiinyan inaad, "Miish omaa waa-ni-maajaayaan!," gosaad iniw waawaabiganoojiinyan gaa-pi-gagwedwenid. Mii miinawaa gii-mikang ani-biminizha'ang animikawenid oshiimeyan ani-odisaad waaboozoon gaa-nibwaakaaminensikenid ezhi-goshko'aad.

"Gigii-onji-waabamaag ina Zhaangweshi, Gekek, Gookooko'oo naa Waagosh?" Miish imaa gaa-izhi-nakwetawaad iniw waawaabiganoojiinyan, "Gigiiwanaadiz ina? Giga-amogonaanig ingiw." "Bekaa, giwii-wiindamoon . . . , gigagwe-wiindamoon ezhinikaazowaad nishii . . ." Waabooz wanishkwe'aad waawaabiganoojiinyan inaad, "Miish omaa waa-ni-maajaayaan!," gosaad iniw waawaabiganoojiinyan gaa-pi-gagwedwenid.

Mii miinawaa gii-mikang ani-biminizha'ang animikawenid oshiimeyan ani-odisaad agongosensan gaa-mazinibaganjigenid ezhi-goshko'aad, "Gigii-onji-waabamaag ina Zhaangweshi, Gekek, Gookooko'oo naa Waagosh?" Miish imaa gaa-izhi-nakwetawaad iniw waawaabiganoojiinyan. "Gigiiwanaadiz ina? Giga-amogonaanig ingiw." "Bekaa, giwii-wiindamoon . . . , gigagwe-wiindamoon ezhinikaazowaad nishii . . ." Agongosens wanishkwe'aad waawaabiganoojiinyan inaad, "Miish omaa waa-ni-maajaayaan!," gosaad iniw waawaabiganoojiinyan gaa-pi-gagwedwenid.

Mii miinawaa gii-mikang ani-biminizha'ang animikawenid oshiimeyan ani-oditang ziibiins. Gaawiin dash geyaabi odookawi'aasiin iniw oshiimeyan, izhi-babaamendang. Jiigibiig dagoshing ogii-mikwenimaan iniw oshiimeyan. Dibi gaa-izhaanigwen izhi-biinjininjiinid imaa gashkibidaagaansing gii-kanakinaad asemaan izhi-niiminaad miigwechiwitaagozid ji-ni-mikawaad iniw oshiimeyan. Gii-asaad imaa agamiing izhi-noondang gegoo iidog imaa mashkosing. Giizhi-biindaakoojiged gii-noondawaad iniw agongosensan odaminonid onzaamitaagozinid.

Baa-inaabid nandawaabamaad iniw oshiimeyan, mii gii-waabamaad iniw chi-mitigoon bimaakoshininid. Bi-akwaandawaanaad iniw chi-mitigoon wagidaatig gii-waabamaad iniw oshiimeyan wii-shishigagowenid dazhi-miijinid iniw nibwaakaaminensan.

"Mii gii-mikameg waa-ayaameg," odinaan iniw oshiimeyan. ∎

14 Wii-manoominiked Waagosh

Gaa-tibaajimod **LORENA *PANJI* GAHBOW**

Gaa-tibaajimotawaajin **CHARLIE SMITH**

Aabiding Waagosh ogii-waabamaan iniw wazhashkwan. Wazhashk oganawendaan zaaga'igan. Apane onaanaagajitoon manoomin. Mii ow akeyaa gaa-izhichiged. Boozi go ojiimaaning. Gaawiin waasa izhaasiin. Meta go bangii gii-izhaa. Onaanaagajitoon iw manoomin ji-giizhiging. Apane gikendamoog Wazhashkwag Genawendangig gaa-ishkwaa-giizhiging manoomin.

Mii dash Waagosh ogii-kagwejimaan iniw Wazhashkwan, "Wazhashk! Aaniin ezhi-ayaag zaaga'igan? Mii na gegaa azhigwa giizhiging manoomin?," gii-kagwedwe. "Gaawiin mashi, niijii! Gegaa go ishkwaa-giizhigin manoomin," gii-ikido Wazhashk. Gii-ni-giiwe Waagosh.

Mii dash gii-o-waabamaad Amikwan. Owii-naanaagajitoon
Amik ogibaakwa'igan. Amik nitaa-gibaakwa'ige. Wiidookaagewag
ge wiinawaa Amikwag. Ogii-kagwejimaan Amikwan, "Mii na keyaa
ezhichigeyeg?" "Mii gwayak minochigeyaang, Niijii!," gii-ikido Amik
megwaa gibaakwa'iged. Amik gibaakwa'ige onzaam nibiikaamagad
imaa zaaga'igan.

Gomaapii Waagosh ogii-waabamaan miinawaa Wazhashkwan.
"Mii na giizhiging manoomin?"

"Enya' wii-paakaakonigaade waabang. Niibowa manoomin.
Gidaa-ozhiitaa. Awenen waa-wiidookook?" "Omakakii niwii-
wiidookaag. Niwii-o-waabamaa azhigwa," gii-ikido Waagosh. Mii
dash ogii-o-waabamaan Omakakiin ji-ozhiitaawaad. ■

15 Wazhashk Miinawaa Esiban

Gaa-tibaajimod **JAMES MITCHELL**

Gaa-tibaajimotawaajin **MADELINE TREUER**

Wazhashk miinawaa Esiban wii-paa-manoominikewaad owidi Gaa-zagaskwaajimekaag. Aaniish-naa owidi manoomin ayaamagad. Onandawaabamaawaan ge-wiikobinigowaajin awiya owidi manoominikaaning. Babaamosewaad andawaabamaawaad jiimaan da-wiikobinaawaad.

Zhaangweshiwan gaa-izhi-gagwejimaawaad da-wiikobinigowaad owidi manoominikaaning.

"Ahaw, naanwaabik da-wiikobininagog," ikido Zhaangweshi.

Mii dash gii-chi-minwendamowaad Wazhashk miinawaa Esiban. Mii gaa-izhi-dakobidoowaad jiimaanensing imaa chi-jiimaan ge-wiikobinindwaa a'aw Zhaangweshi.

Mii sa ani-maajaawaad da-manoominikewaad. Miish imaa Zhaangweshi baabii'od jiimaaning ganawaabamaad Wazhashk miinawaa Esiban manoominikewaad.

67

Mii sa go gii-niso-diba'iganek. Zhigwa bi-dagoshinowaad omaa chi-jiimaan baabii'igowaad Zhaangweshi. Zhigwa imaa mooshkinebidoowaad omanoominiwaa omaa mashkimodaang. Mashkimodan niswi. Niswi odayaanaawaa. Miish zhigwa bi-azhegiiwewaad agaaming.

Wiikobinindwaa aw Zhaangweshi imaa niingidawitigweyaag nibi. Aaniish-naa niibawi Wazhashk. Wa, aazhogan omaa ayaamagad. Dabwaa-giitaakwapidoowaad ojiimaaniwaa, gaa-izhi-bitaakondibeshing Wazhashk omaa aazhoganing. Mii imaa biinjibizod imaa zaaga'iganing, naa omanoominiwaa. Mii dash Esiban gaawiin ganage owiidookawaasiin owiijiiwaaganan. Mii eta go gaa-izhi-gaanjwebinaad. Mii eta go manoomin da-debibinang. Mii iw gii-wanenimaad Wazhashk. Mii eta go chi-gaginagaapid Zhaangweshi.

Gaawiiin owii-wanitoosiin mashkimod. Mii aw Wazhashk gaandakii'iged. ■

16 Waagosh Miinawaa Omakakii Manoominikewag

Gaa-tibaajimod **LORENA *PANJI* GAHBOW**

Gaa-tibaajimotawaajin **CHARLIE SMITH**

Gaawiin Waagosh anokiisiin noongom. Noongom dash dagwaagin. Wii-o-manoominike.

Ogii-poozitoon ojiimaan obawa'iganaakoon, gaandakii'iganaak, mashkimodan, onawapwaan, oshkiinzhigokaanan, minjikaawanag, bigiins.

Mii dash gaa-izhi-odaabii'iwed iwidi Manoominikaaning. Gaa-izhi-waabamaad iniw omakakiin, gii-manoominikewag Waagosh miinawaa Omakakii. Gii-pawa'am Omakakii. Gii-kaandakii'ige a'aw Waagosh. Megwaa manoominikewaad, ayashawebideni ojiimaaniwaa. Mii dash gaa-izhi-bakobiised a'aw Waagosh. Gii-agwaataawag.

Gaa-mikwendang, gaawiin ogii-asaasiin asemaan jibwaa-manoominiked. Ogii-wanendaan ji-asaad asemaan. Ogii-wiindamawaan

omakakiin, "Aayay, zaam ingagiibaadiz. Ingii-wanendaan ji-asag aw asemaa. Aangwaamas niwii-o-asaa asemaa." Mii iw gaa-o-asemaaked jiigibiig.

Mii dash gaa-izhi-giiwewaad ji-giizhitoowaad manoomin. Ogii-tazhwegisidoonaawaa manoomin ji-baateg. Gaa-izhi-booniiwaad bineshiinyag, gaa-izhi-amwaawaad iniw moosen. Gii-baateg manoomin, gii-kidasigewag Omakakii miinawaa Waagosh.

Gaa-ishkwaa-gidasigewaad, mii dash gaa-izhi-mimigoshkamowaad. Mii dash ishkwaaj gii-nooshkaachigewaad. Ogii-wiizhaamaawaan akina awiya ji-bi-izhaanid, "Bi-izhaag omaa! Oshki-manoomin indayaamin." Nitam gii-ashamaawag gaa-wanitaasojig, niinawind igo ezhichigeyaang, oshkiniigikweg ge wiinawaa ashamaawag. ■

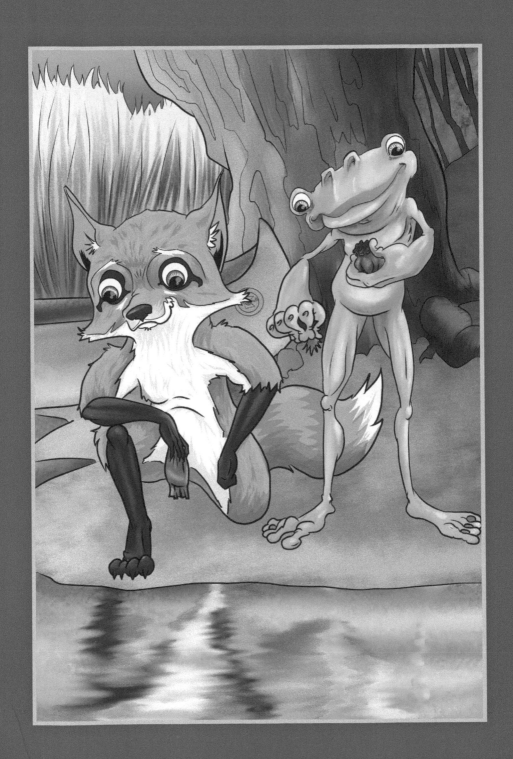

17 Awesiinyag Zhooshkwajiwewaad

Gaa-tibaajimod **CAROL NICKABOINE**

Gaa-tibaajimotawaajin

MADELINE TREUER & WESLEY BALLINGER

Miskwaadesi miinawaa obiibiiyensiman Miskwaadesiins. Minwendam ganabaj bangishin mii ezhi-baapid ezhichiged, mii dash ezhi-gojichiged miinawaa. Gii-ayekozid azhigwa. Azhigwa gii-gawishimod oodi anaakanish onibaagan. Owidi abizowan imaa mitigwaak iniw omaamaayan.

Mii gaa-izhi-goshkozid, mii miinawaa wii-izhichiged da-nitaa-minochiged gagwe-akwaandawed.

Omagakii ogii-baapi'aan wii-kagwe-gwaakwaashkwanid. Owenda-minwendaanaawaa ezhichigewaad baapitoowaad apane bangishing imaa nibiikaang.

Miskwaadesi oshiimeyan Miskwaadesiinsan odaano-wiidookawaan da-nitaawichiged i'iw ezhichigewaad. Nigigoons owaabamaan iniw miskwaadesiwan ezhichigenid.

77

Nigigoons menwendang gaye wiin zhooshkwajigan. Mii owidi gaa-izhiwinaad i'iw waajiiwaajin. Gikinoo'amawaad da-ozhitoonid ge wiinawaa zhooshkwajigan.

Owii-aabajitoonaawaa mitigoonsan miinawaa anaakanish. Nigigoons aano-wii-niisaandawed, gaawiin dash ogashkitoosiin da-zhooshkwajiwed. Miskwaadesiins odaano-gaanjwebinaan, mii dash azhe-bangishinowaad.

Manoominikeshiinh obaapi'aan iniw Miskwaadesiins miinawaa Nigigoons. Onjibizod apane akwaandawewaad. Gaa-izhi-nishkimaad gii-paapi'aad.

Mii dash gaa-izhi-atoowaad azhashki nawaj miinawaa nibi. Mii dash gaa-izhi-bapakite'amowaad imaa zhooshkwajiganing.

Mii wapii Miskwaadesiins wii-zhooshkwajiwed wiinitam, mii dash Miskwaadesiins gaa-izhi-boogidid, maajiiyaashid, mii gaa-izhi-bangishing imaa mitigoonsing besho imaa abizonid omaamaayan.

Manoominikeshiinh niibawid owidi imaa zhooshkwajigan. Mii gaa-izhi-akwaandawed Nigigoons mikwendang baapi'ind, wenda-mashkawizi gaa-izhi-gaanjwebinaad gakina iniw Manoominikeshiinyan. Mii dash Manoominikeshiinh gaa-izhi-bangishing wagijayi'ii Miskwaadesiins opikwanaang.

Miish gaa-izhi-bangishinowaad nibiikaang mookisewaad ezhi-baapiwaad miinawaa gaa-izhi-mawiwaad. Gakina awiya minwendaagoziwag. ∎

18 Waagosh Miinawaa Waabooz

Gaa-tibaajimod **JAMES MITCHELL**

Gaa-tibaajimotawaajin **MADELINE TREUER**

Ganabaj Waagosh ezhi-nibwaakaad nitaa-giimoojichige. Azhigwa Waagosh goshkozid dazhi-bakade go. "Awegodogwen ge-izhi-miijiwaanen." Gaa-izhi-mikwenimaad waaboozoon. "Ninga-andawaabamaag." Nitaa-agoojige. Gaa-izhi-mikwenimaad oshiimeyan gaa-izhi-gikinoo'amaagod.

"Daga ninga-gojichige da-debibinagwaa waaboozoog." Zhigwa maadosed, ani-izhaa imaa megwekob. Zhigwa ani-dagoshing owidi, mii ezhi-waabamaad waaboozoon idi bimikawenid. Mikwendam waaboozoon da-bimikawenid imaa miikanensing. Mikwendam iwidi aazhoomonig imaa omiikanensiwaan. Niibowagiziwag odaabajitoonaawaa.

Waagosh, miish imaa gizhibaataad gaa-gikinoo'amaagod oshiimeyan. Waagosh imaa gaa-izhi-waabamaad iniw waaboozoon iwidi namadabinid.

Wah, chi-maajiibatood waabooz. Miish imaa Waagosh gaa-izhi-agoodood agoodwaagan.

Waagosh imaa gaa-izhi-baabii'aad waaboozoon. Waagosh inaabid waabamaad imaa waaboozoon. Mii iw gaa-izhi-maajiibatood, mii ezhichiged nagishkawaad iniw waaboozoon chi-maajiibatoonid. Azhegiiwed imaa naawayi'ii go. "Gego bagidinaaken da-waabamik." Wa, giimoojichige dash aw Waagosh azhegiiwed. Aaniish-naa ogii-agoodoonan owidi iniw agoodwaaganan.

Miish imaa baabii'od. Wah, shayaa, gaa-izhi-waabamaad niswi iniw waaboozoon biinjiba'idinid. Bi-bimibatoowaad ingiw waaboozoog, besho imaa bi-ayaawaad. Miish aw bezhig ishkweyaange igo ganawaabamaad noogibatoonid.

Gaa-izhi-nisidawinawaad iniw waaboozoon, gaa-ishkweyaanged a'aw waabooz. Mii dash omaa gii-waabamind ishkweyanged a'aw waabooz gii-koshko'aad naagaanizinid iniw waaboozoon.

Wah, chi-ganawaabamaad iniw waaboozoon. Aaniish-naa nibwaakaawag. Aaniish-naa bezhig nisidawinaagoziwan. Gaa-izhi-ganawaabamaad chi-maajiibatoonid. Miish imaa gaa-izhi-biinjibatoonid imaa agoodwaaganing. "Wayaa, chi-waawiisiniyaan," ikido Waagosh.

Oganoonaan odinawemaaganan da-wiidoopamaawaad da-amwaawaad iniw waaboozoon gaa-nagwaanaad. ∎

19 Chi–bikwaakwad Gikinoo'amaageng

Gaa-tibaajimod **JOSEPH NAYQUONABE SR.**
Gaa-tibaajimotawaajin **ADRIAN LIBERTY**

 Mii aw gookooko'oo gii-ozhibii'ang
mazina'igan gagwejimaad, awenesh waa-
tazhitaanid makakoonsi-bikwaakwad
imaa gikinoo'amaagewigamigong. Aanind
dash odayaanaawaan gwayak waa-ayaawaad ji-dazhitaawaad
bagidinindwaa. Aanind wiin go odayaanaawaan. Ingiw dash gaawiin
eyaanzijig, booch ji-biidoowaad jibwaa-bi-izhaawaad. Booch igo
mashkikiiwinini ji-bagidinaad weweni ji-dibaabamaad. Booch igo
ji-bagidinindwaa ji-bagidinaad a'aw mashkikiiwinini maazhaa
mashkikiikwe, awegwen igo ji-bagidinaad ji-dazhitaanid.

Booch giizhiitaawaad wiindamawaad wii-maawanji'idiwaad apii
waa-maajitaawaad. Ayaamagad imaa wapii waa-maawanji'idiwaad
sa ji-giizhiikamowaad akina ezhichigewaad jibwaa-dazhitaawaad.
Mii dash apii maajitaawaad, mii aw niigaanishkang Gookooko'oo
baabii'aad ji-bi-dagoshininid. Mii azhigwa aanind bi-maajii-
dagoshinowaad, mii dash akina dagoshinowaad. Mii imaa
maawanji'idiwaad, mii miinawaa maamiinaad mazina'iganan sa
waawiindamawindwaa waa-izhichigewaad sa wii-tazhitaawaad.
Niibowa imaa ayaamagad waandamawindwaa sa waa-izhichigewaad.
Biizikamowaad iniw azhiganan, wiindamawindwaa gwayak
azhiganan ge-biizikamowaad miinawaa iniw makizinan weweni
dakobidoowaad, mii gaa-gikinoo'amawindwaa. Mii dash iw

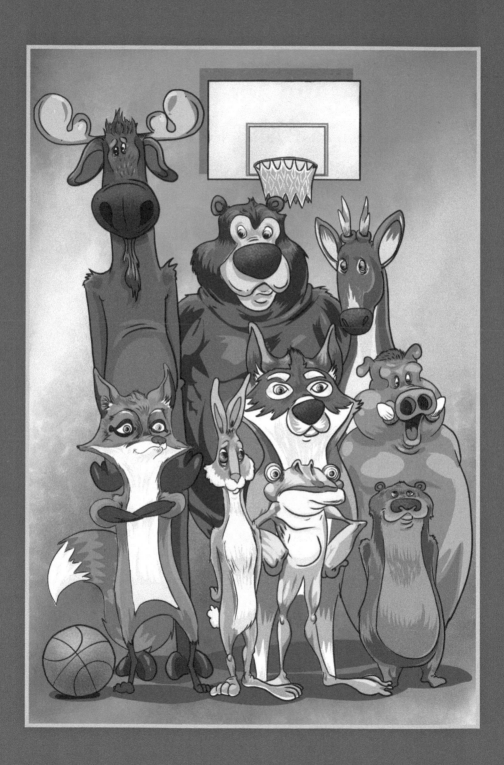

weweni ge-biizikamowaad iniw ayaabajitoowaad wii-tazhitaawaad, giboodiyegwaazonens miinawaa iniw babagiwayaan ge-biizikamowaad.

Naa ge wiindamawindwaa, "Mii iw wapii waandamaagooyeg wapii waa-maajitaayang, mii iw wapii ge-maajitaayang. Mii omaa ji-ayaayeg. Mii omaa wiindamaagooyeg wapii dagoshineg, mii imaa wapii ge-ayaayeg. Mii dash ge-ishkwaataayang, mii iw wapii eshkwaataayang. Bizindawishig, naa ge ongow waadookawijig. Giishpin bizindawisiweg, giga-namadabim. Naa ge giga-wiidookodaadim. Gaawiin awiya anooj da-ikidosiin."

Mii dash azhigwa maajitaawaad bikwaakwad, mii mayaajitaawaad, dazhitaawaad dash ji-gikinoo'amawindwaa waa-izhichigewaad, "Mii azhigwa ji-gikinoo'amaagooyeg gwayak ji-ataageyeg." Miish imaa miinind awiya bikwaakwad ji-apagidawaad iniw owiiji-odaminwaaganan.

Gikinoo'amawaa dash ji-apagidang iwidi iniw epagidawaajin imaa ji-debibidoonid, mii iw niswi ji-aabajitood debibidood iw bikwaakwad gii-wiindamawindwaa. Bezhig ji-biinjwebinang, naa ge niizh debibidood, mii ji-apagidang ingoji wayiiba weweni, debibidood mii go o'ow zhigwa wii-apagidang naa dash niswi, mii go izhi-bimibatood imaa niibawinid iniw naabawinijin. Mii iw gwayak gii-gikinoo'amawindwaa. Aaningodinong, "Kawe naanan! Giga-mamoon ji-minikweyan nibi ji-ojibinigosiwan naa ge ji-anwebiyang."

Mii dash giizhiikamowaad onow gikinoo'amawindwaa ji-apagidamowaad iw bikwaakwad naa ji-debibidoowaad, mii dash wapii wii-maajii-bimibatoowaad. Mii dash imaa Gookooko'oo naa iniw waadookaagojin ji-gikenimaawaad awenesh geyaabi ji-anokiinid. Gaawiin igo akina awiya aanind eta go maagizhaa *football league* dazhitaawaad, aanind imaa gaawiin igo da-anokiisiin apane.

Aaniish wiin naa, gaawiin gegoo izhichigesiiwag baamaapii waa-kanoonindwaa ishkwaa-bimibatoowaad aanind

obwaanawitoonaawaan giizhiikamowaad imaa go ge waasa
bi-izhaawaad bimibatoowaad. Mii iw baabii'indwaa, gaawiin
naganaasiiwag. Mii go baabii'aawaad apiish dash akina ezhi-
bezikaawaad baabii'aawaad iniw.

Mii dash giizhiitaawaad omaa. Mii dash miinawaa
o-gaganoonaad. Akawe gaganoonaad jibwaa-bagidinaad. Mii dash
da-wiindamawaad, "Giminochigem, niminwendaan waabamigooyeg
gichi-anokiiyeg, geget gichi-anokiim noongom. Niminwendaan
waabaminagog sa noongom gaa-izhichigeyang bizindawiyaang,
gaawiin awiya, giishpin gii-wiindamawegwaa aanind geyaabi
anokiiwin geyaabi aanind gigii-ayekozim, bejibatooyeg. Miish
wiin jibwaa-maajitaayang dazhitaayang, mii ji-gashkitooyeg
giishpin anokiiyeg. Miigwech! Giga-waabamin miinawaa giga-
izhichigemin bakaan. Akawe dash akina zagininjiinidig! Akina dash
zhaweninindig! Wiindamaw ongow giwiij-aya'aag minochigeyeg
minwedaagoziyang. Mii azhigwa *oyaate* ayaawiyang. O-waabanda'
naa gimaamaa naa gidede o'ow mazina'igan gii-miinigooyang
maagizhaa ge gookomis maagizhaa ge gimishoomis maagizhaa ge
awiya genawenimik. Waabanda' iw noongom gaa-tazhindamang ge
wiinawaa gikendamowaad ezhichigeyang."

NIIZHOGONAGADINIG

Mii azhigwa gii-inaakonindwaa wii-tazhitaawaad, mii dash a'aw
Mooz, mii a'aw chi-ginoozi. Mii a'aw ge-gwaashkwanid imaa
naawayi'ii wenji-niibawid ji-niibawid imaa maajitaawaad naa ge
besho ji-ayaad makakoonsing biinjwebinigeng, mii imaa besho ji-
niibawid. Naa ge imaa mii ge imaa awiya bi-izhaanid imaa niibawid,
mii imaa ji-ganawenimaad ji-waabamaad imaa mii ganawendang
i'iw makakoons. Mii go niizhiwaad ji-ganawendamowaad iniw
etawaawaajin iwidi dash waaji'igod wenji-wiidookawaad.

Mii dash a'aw Makwa, mii wiin a'aw, mii ge wiin imaa ji-

ganawendang makakoons ge wiin naa ge ji-wiidookawaad iniw wiiji-
odaminwaaganan naa ge wiin iishpin biinjwebinigesigwaa, mii wiin
ji-debibidood iw bikwaakwad ji-gagwe-debibidood wiin. Mii wenji-
asind wiin imaa mindidod, ji-debibidood iw bikwaakwad iishpin
imaa gegoo, mii wiin. Naa ge aaningodinong imaa ji-akamawaad
iniw bakaan dezhitaanijin bimibatoowaad mii go iwidi ji-niibawid
ji-bitaakoshkawind. Mii wiin igo waa-izhichiged wiin a'aw Makwa.
Naa go ge gegoo izhiwebak maazhaa iwidi a'aw o-niibawi ji-
nagaashkaatood gegoo wii-izhiwebak.

Mii sa Waawaashkeshi gizhiikaabatoo a'aw. Naa ge minwaabi.
Mii aw genawendang iw bikwaakwad, biindigadood iw bikwaakwad,
naa go ge gizhiikaabatoo naa ge nitaa-biinjwebinige ge wiin. Mii a'aw
nendawaabamind wii-ayaamowaad i'iw ji-biinjwebinang awiya i'iw
bikwaakwad. Mii aw genawaabamind gegwejimind ji-izhichiged.
Gaawiin igo wiineta. Wii-ayaawaad wiin go awiya, mii a'aw
wenaabamind.

Miish gaye wiin aw Omakakii. Mii a'aw netaa-gwaashkwanid.
Mii ge wiin a'aw awiya iw bikwaakwad mii go gwaashkwanid
debibidood. Mii iw netaawichiged wiin i'iw. Mii iw awiya gegoo
bishkonang, mii a'aw gegwejimind ji-debibidood, akina wiin go
odebibidoonaawaa. Miish wiin a'aw wii-nitaawichiged iw. Mii wiin
a'aw, mii apane a'aw enenimind. Wiinawaa naa Makwan, mii ingiw
ge-debibidoojig iw bikwaakwad.

Waabooz, mii ge wiin a'aw aapiji wajepiid, mii a'aw gegwejimind
ji-ganawaabamaad iniw ataadiwaad, mii a'aw gegwejimind ji-
ganawaabamaad iniw ingoji bakaan etawaawaajin, booch igo imaa
ayaad awiya netaawichiged. Mii dash a'aw Waabooz gegwejimind
ji-ganawaabamaad, wejepiinijin.

Mii dash miinawaa ongow e-namadabijig imaa ji-baabii'owaad
ge wiinawaa ji-ataagewaad. Mii go imaa awiya ayekozid maazhaa ge
gegoo inendanzig, mii imaa wayiiba ji-asindwaa ji-wiidookawaawaad

iniw anwebi'aawaad. Mii ongow wii-kaganoonindwaa ji-
wiidookaazowaad maazhaa ge Makwa onzaam maazhichiged, mii
imaa naabishkawind. Gagwejichigewag akina ji-dazhitaawaad akina
go gegoo.

Wiin dash Gookoosh maagizhaa Akakojiish, mii ingiw
ishkwaaj baandiganindwaa, iishpin chi-niiwenindwaa maazhaa
chi-niiwezhiwewaad, mii ingiw biindiganindwaa ge wiinawaa.
Gaawiin eta imaa ayaasiiwag iw ji-izhichigewaad, gii-anokiiwag.
Akakojiish, mii ge wiin ji-bi-naadamaaged. Mii go akina ayaawaad
ogikendaanaawaan waa-izhaawaad iw waa-naabishkawaawaajin.
Ogikendaanaawaan akeyaa Makwa ezhi-ayekozid maazhaa
Gookoosh. Ogikendaanaawaan wiin igo waa-naabishkawaawaad,
ezhi-ganoonindwaa, mii gikendamowaad. Mii iw gaa-izhichigewaad
imaa gii-anokiiwaad, azhigwa mii aw Gookooko'oo naa iniw
waadookaagojin gikenimaawaad aaniish ji-asindwaa. Mii iw gii-
waabandamowaad iwidi gii-anokiiwaad waawaabamaawaad. Mii
imaa ji-asind, mii ongow minochige omaa, mii omaa ji-asind.

Mii ge wiinawaa ingiw Chi-ayaabeg, mii wiidookawaawaad
iniw Gookooko'oon. Gookooko'oo wiin go aanind gaawiin akina
owaabandanziin gegoo izhiwebadinig imaa. Mii dash onow
waadookaagojin wiidookaagod sa ji-ganawaabid ge wiin. Maazhaa
ge waabandamowaad odaa-wiindamawaawaan ezhiwebadinig.
Maazhaa ge owaabamaawaan awiya azhigwa ani-ayekozinid oga-
wiindamawaawaan. Anooj igo gegoo imaa wiidookaazowag.

Booch igo gaye wiinawaa ji-gikendamowaad ezhiwebadinig
ongow waadookaazojig. Aanind ge Gookooko'oo zaagijiwebinind.
Anooj gagwejimaawag ji-izhichigewaad. Aanind ge ji-
wiidookawaawaad iniw abinoojiinyan gegoo dezhitaanijin aanind
ko gegoo izhiwebad bimaadiziwaad, mii dash ongow, mii ongow
ge-gaganoonaawaajin ji-wiidookawaawaad sa ji-minosidoowaad
mayaanaadak ji-gwayakosidoowaad gegoo ezhiwebadinig, mii

ongow gegwejimindwaa. Gaawiin eta go imaa ayaasiiwag ongow,
mii Gookooko'oo wiin iw bikwaakwad, wiin go dash ongow.
Aaningodinong go Gookooko'oo gaganoonaa, gaawiin igo aapiji,
aaningodinong igo maazhaa gaganoonaa. Miish wiin wenji-
ayaawindwaa ongow ge-gaganoonaawaad. Mii iw wiin iw zenagak
mii wapii gaagiigidod wiin. Mii wenji-diba'amawind.

Aaningodinong ge maazhaa gikinoo'amawindwaa maazhaa
zanagadini ongow aanind etaagejig, mii dash ongow miinawaa
ongow waadookaazojig ji-gaganoonaawaad ji-wiidookawaawaad,
"Aaniish gwayak zanagak mii ji-wiidookaagooyan ji-
gwayakosidooyan?" Aanind ge iwidi endaawaad, gaawiin
gegoo minosesinoon. Aaningodinong ge zanagad aanind go ge
odedeyiwaan naa omaamaayiwaan maazhaa odaabajitoonaawaan
i'iw mayaanaadak. Naa ge ogikendaanaawaan awiyan gegoo
izhiwebadinig waabamaawaad. Gii-waabandamowaad, mii
dash ganoonaawaad, "Aaniin iwidi ezhiwebak?" Mii dash
wiindamawindwaa, "Wiindamawishin, mii eta go gwayak ge-
wiidookawinaan. Giishpin gikendaasosiwaan, gaawiin gidaa-
wiidookoosinoon. Giishpin igo gikendamaan, giga-wiidookoon."

Zanagad. Zanagad waabamaawaad iniw abinoojiinyan ge
wiinawaa, mii iw wenji-ayaawaad ge wiinawaa. Aaningodinong
ko wiinawaa ogaganoonaawaan Gookooko'oon, mii dash
imaa ji-wiindamawaad, "Maazhaa o'ow gojichigen." Maazhaa
oganoonaawaan *Social Services*, maazhaa dakoniwewinini. Gaawiin
wiin igo eta go a'aw etaaged da-wiidookawaa. Mii ge ongow
omaamaayiwaan naa odedeyiwaan imaa oga-wiidookawaawaan.
Gaawiin wiin go oga-wiindamawaasiwaawaan, "Ninoondaamin igo,
awiya owiindamawaawaan maazhaa waabameg a'aw iwidi izhiwebad
iwidi gegoo, gaawiin. Maazhaa waabamegwaa maazhaa." Niibowa go
izhichigewag. Mii eta go iw bangii.

Awiya miinawaa imaa gii-gikendaasod. Gaawiin wiin Makwa

gikendaasosiin. Mii go niizhiwaad, gekendaasojig gaa-onaabaminjig ji-niigaaniiwaad. Mii aw ma'iingan naa Waagosh. Aaningodinong ge wiinawaa gagwejimaawag ingiw wiinawaa ji-dazhitaawaad, gaawiin omaa ayaasiiwag awiya Googooko'oo naa iniw waadookaagojin, wiinitamawaa da-niigaaniiwaad. Aaningodinong ko odayaanaawaan. Mii ingiw ge-gagwedwewaad, "Giwii-ataagemin noongom." Mii dash ingiw akina, mii bizindawindwaa.

Nigagwe-gikinoo'amawaanaanig ge, gaawiin awiya omaa ishpaginzosiin. Akina naasab inaginzo. Naa ge Gookooko'oo gikinoo'amaagewinini aawi. Mii ge ongow waadookaagojin, mii iw gaye wiinawaa ingiw gikinoo'amaagewininiwag ge wiinawaa. "Nigikinoo'amaagemin omaa weweni niigaan izhaayeg, ji-minoseyeg. Naa ge aaningodinong maazhaa nibiinaanaan akiwenzii ji-bi-gaganoonineg ezhichigewaad Anishinaabeg. Gaawiin chi-bikwaakwad eta. Maazhaa ge awiya gechi-nitaa-anokiid. Maagizhaa giga-bi-ganoonigowaa imaa anokiiwin, maazhaa ge *probation officer* da-bi-dagoshin ji-bi-gaganoonigooyeg ezhichigewaad wiinawaa, ganawenimaawaad awiyan, awegwen igo, maazhaa gaye a'aw anama'ewinini inga-biindiganaanaan ge wiin ji-bi-gaganooneg, mii wiinawaa ezhichigewaad. Anooj igo gegoo, akina gegoo imaa giwii-gikinoo'amaagoom, gaawiin eta go bikwaakwad. Bimaadiziwin giwii-gikinoo'amaagoom. Geget igo gidebibidoonaawaan iwidi gikinoo'amaading. Giwiindamaagoom-sh wiin go iwidi, aaniish wapii eyaad a'aw giizis, naa ge anooj. Omaa dash wiin giwii-kaganoonigoom ji-wiidookodaadiyeg, zhawenindiyeg. Zhawenim a'aw giwiiji-anishinaabe. Gaawiin eta go ongow waaji-ataagejig, akina zhawenim. Mii ge ingiw waa-atawegwaa, zhawenim. Gego inigaayenimaakegon ingiw, zhawenim ingiw. Anooj gegoo giwii-izhichigemin, gaawiin eta go bikwaakwad. Miish imaa giizhiitaayang, ganabaj giwii-ani-gwayako-ayaam, giga-wiidookaagoom. Mii iw wenji-izhichigeyaang o'ow. Gaawiin indizhichigesiimin ji-diba'amaagooyaang. Gaawiin indizhichigesiimin akina gegoo ji-niiwezhiweyaang. Indizhichigemin ji-wiidookaagooyeg. Anooj omaa awiya giga-bi-gaganoonigowaa. Maazhaa ge wiin Adrian omaa da-bi-dagoshin, waa-biinaad iniw waadookawaajin. Mii iw gwayak ge-izhiwebiziyeg." ∎

20 Ma'iingan

Gaa-tibaajimod **JAMES MITCHELL**

Gaa-tibaajimotawaajin **MADELINE TREUER**

Miish imaa Gwiiwizensiwi-ziibiing ominwendaanaawaa odaminowaad chi-bikwaakwad. Mii odaminowaad Gibaakwa'iganing wii-izhaawag da-wii-ataagewaad. Mii sa naano-diba'iganek daa-gii-maajiibizowaapan odaabaanag. Miish imaa Chi-ma'iingan ikido, "Akawe, ninga-naadinan nindagoodwaaganan." Miish akina owiijiiwaaganan gaa-ikidowaad, "Aa, giga-wiijiiwigoo." Akeyaa ani-izhaawaad naadiwaad agoodwaaganan. Miish igo iwidi ingodwaasimidana odayaanan agoodwaaganan.

Aapidek naanimidana gaa-izhi-debibinaad iniw waaboozoon. Aaniish-naa mii gii-ishkwaa-naano-diba'iganek gaa-izhi-bishkonamowaad obooziwiniwaan, oodi wii-o-ataagewaad Gibaakwa'iganing. "Aaniish ge-izhichigeyang?" ikido Ma'iingan. "Daga, mii go izhi-bakonaadaanig akina ingiw waaboozoog." Ma'iingan endaad ayaawag. Naanimidana waaboozoon odayaawaan. Miish

imaa bakonaawaad akina. Mii imaa gii-giizhiitaawaad. Akina awiya gaa-izhi-giiwed.

Akina goshkoziwaad, ani-izhaawaad gikinoo'amaadiiwigamigong. Wayaa, akina awiya gaa-izhi-nishkaadiziitaagowaad. "Aaniin dash gaa-onji-bi-odaminosiweg?" "Ingii-wanichigemin. Ingii-

o-wiidookawaanaan Chi-ma'iingan naadagwed. Gaawiin
ingikendanziimin chi-niibowa waaboozoon gii-tebibinaagwen.
Aapidek naanimidana ogii-tebibinaan." Chi-ma'iingan
giigido, "Inaabig owidi agwajiing!" Mii go miziwe izhi-biiwising
waaboozwayaan agwajiing.

Miish akina gikinoo'amaagewininiwan gaa-izhi-nishkaadiziitaagowaad gaa-izhi-ozhibii'iged imaa gikinoo'amaadiiwigamigong mazina'iganing minik iniw waaboozoon gaa-tebibinaawaad. Mii gaa-onji-bi-odaminosigwaa.

A'aw Ma'iingan ko adaawaaged iniw waaboozoon naanwaabik ko. Onzaam niibowa noongom odayaawaan. Mii eta go bezhigwaabik inagimaad. ■

21 Akakojiishi-giizhigak

Gaa-tibaajimod **CAROL NICKABOINE**
Gaa-tibaajimotawaajin **MADELINE TREUER**

Awesiinyag wii-maawanji'idiwag miinawaa wii-wiisiniwag. Gakina awiya oda-biidoonaawaa waa-ashangewaad.

Bine gaawiin ogikendanziin waa-piidood imaa. Gaawiin nitaa-jiibaakwesiin. Maagizhaa zaasakokwaanan owii-piinaan. Gaawiin odayaanziin zhiiwitaagan ge ombijisigan. Bimide gaye, gaawiin odayaanziin.

Mii dash gaa-izhi-aabaji'aad mitigoonsan miinawaa asiniinsag. Ogii-waninawe'aan o'ow, miinikaanan gaye. Bangii gaye ozhaashi-manoomin ogii-mikaan. Mii imaa waa-tagonang imaa waa-maajiidood. Gaawiin bimide ogii-mikanziin. Bingwi gaye ogii-aabajitoon waninawe'ang.

Mii ezhi-o-ziiginang imaa megwejiishkiwag. Maagizhaa bakwezhiganensan ogii-kiishkibinaan gaa-izhi-giishkibinaad. Mii sa iwidi gii-izhaad maawanji'iding, wii-ashangewag. Niibowa waaboozoog gii-ayaawag oodi. Mii gaa-izhi-wiisiniwaad, gii-ishkwaa-wiisiniwaad da-niimiwaad ingiw.

A'aw bezhig waabooz nitaa-naazhaabii'ige. Mii dash bezhig aw waabooz gegoo gii-izhiwebizi gii-niimid. Gaa-izhi-ozhisidood gaa-izhi-bagone'ang i'iw michisag. Naa gii-gichi-niimi. Gaa-izhi-bookogaadeshing. Mii aw bezhig waabooz ogii-nanaandawi'aan. Gaye gaa-izhi-ozhaawashkwaabid. A'aw bine gaa-piinaad iwidi wiisiniiwigamigong gaa-izhi-bakite'waad iniw waaboozoon imaa oshkiinzhigowaan. "Mii dash a'aw gaa-wiisagishing gaawiin gegoo maazhi-inendanziin gaa-izhi-doodawind," ikido bine.

Mii gaa-izhi-nishki'aad iniw waaboozoon. Mii ingiw waaboozoog gaa-izhi-nishkaadiziwaad gaye wiinawaa ogii-agwiika'waawaan iniw binewan. Mii dash bine gaa-izhi-biibaagid imaa owiiji-binewan da-bi-wiidookaagod.

Mii dash gaa-izhi-miigaazowaad ingiw binewag miinawaa ingiw waaboozoog. Gaa-izhi-niiwezhiwewaad ingiw waaboozoog. A'aw Ogimaa bezhig gii-ikido, "Mii anwaataag miigaazoyeg! Giinawaa gigii-maajitaam, indaano-wiidookawaa gosha a'aw gaa-pakite'ond."

Mii nawaj gaa-izhi-bagone'igaadeg gaa-ozhitoowaad a'aw waabooz gii-gichi-niimid. Mii imaa Akakojiish endaad gaa-izhi-bagone'igaadenig. Gii-saaga'am dash Akakojiish. Miish imaa Akakojiish gaa-izhi-waabandang ojichaagwan. Mii gaa-izhi-wiindamowaad Akakojiishi-giizhigad. Mii iw. ∎

Ishkwaabii'igan

Ginwenzh ogii-kagwaadagi'igoon Anishinaabe Chi-mookomaanan. Eshkam agaasiinowag netaa-ojibwemojig miziwekamig. Gegoo dash noomaya izhiwebad owidi Misi-zaaga'iganiing. Mii eta go ayaawaad niishtana ashi-naanan ingoji go netaa-anishinaabemojig omaa. Geget dash gichi-anokiiwag ji-maada'ookiiwaad awegodogwen gekendamowaad yo'ow Anishinaabemowin. Owii-atoonaawaan odibaajimowiniwaan mazina'iganing ji-aginjigaadenig oniigaaniimiwaang odaanikoobijiganiwaan. Ginwenzh gii-maawanji'idiwag ongow gichi-anishinaabeg Misi-zaaga'iganiing gaa-tazhiikamowaad yo'ow mazina'igan. Aanind ogii-tibaadodaanaawaa gegoo gaa-izhiwebak. Aanind igo gaye ogii-michi-giizhitoonaawaan oshki-dibaajimowinan. Niibowa gegoo gikinoo'amaadiwinan atewan omaa miinawaa niibowa dibaajimowinan ji-baaping. Omisawendaanaawaa ji-minwendaman agindaman gaa-wiindamaagewaad.

Gaawiin ayaasiin awiya debendang gidinwewininaan. Gaawiin ganage awiya odibendanziinan anishinaabe-gikinoo'amaadiwinan wiineta go. Gakina gegoo gimaamawi-dibendaamin. Ezhi-maada'ookiiwaad onow dibaajimowinan ongow gichi-aya'aag, izhichigewag onjida ji-ni-bimaadiziimagak gidinwewininaan. Ogii-ozhibii'aanaawaa *copyright* naagaanibii'igaadeg omaa mazina'iganing ji-gikendaagwak awegwen gaa-tibaajimod. Gaawiin dash onji-izhichigesiiwag ji-gina'amawaawaad awiya niigaan ji-aadizookenid gemaa ji-ni-dibaajimonid gaye wiin.

Ishpenimowag ongow gichi-aya'aag ji-maada'ookiiwaad odinwewiniwaan. Odapiitenimaawaan gakina Anishinaaben wii-nanda-gikendaminid niigaan. Odebweyenimaawaan geget. Mii iw.

113